BEI GRIN MACHT
WISSEN BEZAHL'

- Wir veröffentlichen Ihre Hausarbeit,
  Bachelor- und Masterarbeit

- Ihr eigenes eBook und Buch -
  weltweit in allen wichtigen Shops

- Verdienen Sie an jedem Verkauf

Jetzt bei www.GRIN.com hochladen
und kostenlos publizieren

Bibliografische Information der Deutschen Nationalbibliothek:

Die Deutsche Bibliothek verzeichnet diese Publikation in der Deutschen National-
bibliografie; detaillierte bibliografische Daten sind im Internet über http://dnb.d-
nb.de/ abrufbar.

Impressum:

Copyright © 2016 GRIN Verlag, Open Publishing GmbH
Druck und Bindung: Books on Demand GmbH, Norderstedt Germany
ISBN: 9783668605565

Dieses Buch bei GRIN:

https://www.grin.com/document/385824

Peter Gerhardt

Islamische Gewalt im Nahen Osten. Eine Folge amerikanischer Interventionen?

GRIN Verlag

GRIN - Your knowledge has value

Der GRIN Verlag publiziert seit 1998 wissenschaftliche Arbeiten von Studenten, Hochschullehrern und anderen Akademikern als eBook und gedrucktes Buch. Die Verlagswebsite www.grin.com ist die ideale Plattform zur Veröffentlichung von Hausarbeiten, Abschlussarbeiten, wissenschaftlichen Aufsätzen, Dissertationen und Fachbüchern.

Besuchen Sie uns im Internet:

http://www.grin.com/

http://www.facebook.com/grincom

http://www.twitter.com/grin_com

Inhaltsverzeichnis

1. Einleitung

„Die USA sollten sich militärisch aus dieser Region zurückziehen. Es waren ihre Kriege, vor allem der im Irak, die das Monster IS überhaupt erst geschaffen haben". So äußerte sich Sarah Wagenknecht, Fraktionsvorsitzende der Partei Die Linke, im Dezember 2015 in einem Spiegelinterview über die Rolle der USA im Nahen Osten und die Entstehung von islamischer Gewalt.[1] In der Populärliteratur sind Bücher, die die Amerikaner verantwortlich für die Entstehung von Islamischer Gewalt im Allgemeinen und dem Islamischen Staat im speziellen machen, sehr beliebt. Allen voran die beiden Autoren Jürgen Todenhöfer und Michael Lüders. Das Buch von Michael Lüders „Wer den Wind sät – Was westliche Politik im Orient anrichtet" befindet sich aktuell auf Platz zwei der Spiegel Bestsellerliste.[2] Mit den Schuldzuweisungen haben es beide zu beachtlicher Popularität gebracht. Die Argumentationsstrukturen sind im wesentlichen die gleichen: Durch Machtpolitik haben die USA Terrororganisationen unterstützt oder zumindest geduldet und den Nahen Osten ins Chaos gestürzt. Islamische Gewalt sei im wesentlichen durch eine falsche Politik der Amerikaner entstanden.

Die Kritik an der us-amerikanischen Politik steigert sich schnell zu einem Antiamerikanismus oftmals verbunden mit Antisemitismus, der die USA zum Hauptverantwortlichen für die Gewalt im Nahen Osten macht. Dabei werden vielfach komplexe Zusammenhänge nur stark vereinfacht dargestellt. Die Frage, die sich für die Hausarbeit stellt, ist folgende: Was sind die Ursachen für islamische Gewalt im Nahen Osten? Sind die USA tatsächlich für die Islamische Gewalt und die Entstehung des Islamischen Staats verantwortlich oder gibt es andere Faktoren, die entscheidend für die Entstehung der Terrororganisation waren?[3] Dazu werden zunächst die wesentlichen Thesen von Michael Lüders Buch im ersten Kapital dargestellt. Daraufhin werden die Ursachen für die Entstehung von islamischer Gewalt an zwei Ländern untersucht, die in den letzten Jahren vermehrt im Fokus der Weltöffentlichkeit standen und auf dessen Staatsterritorium sich heute das Gebiet des Islamischen Staats (IS) erstreckt: Dem Irak und Syrien. Zum Schluss erfolgt eine Gesamteinschätzung, ob die amerikanische Nahost-

---

1 O.V., Linke-Fraktionschefin Wagenknecht: „Militärische Interventionen des Westens helfen dem IS", Spiegel Online, http://www.spiegel.de/politik/deutschland/sahra-wagenknecht-militaerische-interventionen-des-westens-helfen-dem-is-a-1066246.html, zugegriffen am 2.3.16 14:59

2 Lüders, Michael, Wer den Wind sät – Was westliche Politik im Orient anrichtet, München 2015

3 Vgl. Klaiber, Susanne, Warum die USA schuld am grausamen Terror im Irak sind, Huffington Post, http://www.huffingtonpost.de/2014/06/16/usa-schuld-irak-terror_n_5499266.html, zugegriffen am 1.3.16 22:13

politik tatsächlich die Entstehung des IS begünstigte und welche Bedeutung innerstaatliche und religiöse Konflikte haben.

2. Die Entstehung des Islamischen Staats nach Lüders

Lüders legt in seinem Buch die westlichen Interventionen im Nahen und Mittleren Osten seit der Kolonialzeit dar und fokussiert sich dabei vor allem auf die Einflussnahme der USA auf den Iran, Irak. Afghanistan und Syrien. Relevant sind hier vor allem seine Ausführungen zum Irak und Syrien: Nach der islamischen Revolution im Iran wollten die USA den Iran mit allen Mitteln bekämpfen und haben dazu den Irak als Verbündeten auserkoren, so Lüders. Saddam Husseins Aufstieg sei maßgeblich durch die Unterstützung der USA, der Europäischen Staaten und den Golfstaaten ermöglicht worden. Die USA hätten mit einem irakisch-iranischen Krieg die Chance gesehen, Chomeini im Iran zu stürzen. Als absehbar wurde, das der Irak den Krieg verliert, hätten die USA den Irak unterstützt und den Krieg so um sechs Jahre verlängert. Als der Krieg 1988 mit einem Waffenstillstand endete war der Irak hochverschuldet. Das Regime sah keinen anderen Ausweg aus den Schulden, als das Nachbarland Kuwait mit seinen riesigen Ölreserven zu besetzen, einem der wichtigsten Erdöllieferanten der USA. Da die Amerikaner verlauteten, dass sie sich in Grenzstreitigkeiten nicht einmischen werden, sah sich Saddam bestärkt Kuwait zu überfallen, die Amerikaner intervenierten jedoch militärisch was zum zweiten Golfkrieg führte und den Irak noch höhere Staatsschulden bescherte. Als viel schwer wiegender sieht er die UN-Sanktionen gegen den Irak, die zu einer Verelendung und Hungersnöten in der irakischen Bevölkerung geführt haben. Im Jahr 2003 griffen die Amerikaner den Irak schließlich an, mit dem Ziel Saddam Hussein endgültig zu stürzen. Als Begründung wurden vor allem der Besitz von Massenvernichtungswaffen und eine Zusammenarbeit mit Al-Qaida angeführt. Lüders macht nach dem Sturz Saddams drei „Kardinalsfehler" der USA aus:[4]

Ersten: Ein Machtvakuum nach dem Sturz Saddam Husseins hätte die Ausbreitung von Anarchie und Chaos befördert. Der Versuch der Amerikaner kurz nach Ende des Krieges einen neoliberalen Staat zu schaffen, hätten die letzten Reste funktionierender Zentralstaatlichkeit im Irak zerstört. Zweitens hätten die Amerikaner nicht versucht, die religiösen oder ethni-

---

4 Vgl. Lüders, Wer den Wind sät, S. 51

schen Stammesführer in einen Dialog für die Neuordnung des Staates einzubeziehen. Als Ansprechpartner hätten nur dubiose Exil-Iraker gedient, die in der Bevölkerung keinerlei Rückhalt gehabt hätten. Irakische Führungspersonen wurden nicht mehr als Iraker sondern als Teil eines bestimmen Stammes oder einer Religion angesehen. Die religiösen Unterschiede zwischen Sunniten, Schiiten und Kurden hätten im Alltag nur eine untergeordnete Rolle gespielt (!) Die Amerikaner haben damit eine Konfessionalisierung in Gang gesetzt, an dessen Ende Al-Qaida im Irak und später der Islamische Staat hervorgegangen sei. Als dritten und schwerwiegendsten Fehler macht Lüders die Entscheidung der amerikanischen Besatzer aus, die irakische Armee aufzulösen und die Baath-Partei zu verbieten. Denn dadurch verloren Hunderttausende Iraker ihren Beruf und ihre Existenzgrundlage. Für die Sunniten, die lange Zeit die Machtelite im Irak darstellten, stellte diese Entmachtung eine Demütigung dar. Die ehemaligen Parteikader der Baath-Partei, Geheimdienstler sowie ehemalige sunnitische Offiziere und Soldaten der irakischen organisierten sich im Untergrund und sind heute im Islamischen Staat aktiv. Unter den Sunniten hat sich massiver Widerstand gegen die amerikanischen Besatzer und die neue schiitische Regierung gebildet. Der Irak wurde so durch jahrzehntelange Machtinteressen der USA zerstört: Die Entmachtung der sunnitischen Minderheit durch die Amerikaner, den Zerfall des irakischen Zentralstaates und die Zerstörung der irakischen Gesellschaft durch die UN-Sanktionen macht Lüders als den Grundstein für Gewalt und Terror im Irak aus. Die militärischen Erfolge des IS erklärt er sich durch ein politisches Vakuum im Irak und Syrien. Welche Nutzen die USA aus dem Zerfall Syriens und des Iraks gezogen haben legt Lüders hingegen nicht dar. Bemerkenswert an seinen Analysen ist, dass er in sämtlichen Staaten des Nahen Ostens, auf die er sich bezieht, innerstaatliche und religiöse Konflikte vollständig ausblendet werden.[5]

---

5   Vgl. Lüders, Wer den Wind sät, S. 51ff.

3. Die Ursachen islamischer Gewalt im Nahen Osten

3.1 Sunniten und Schiiten

Um die Ideologie und die Gewalt des Islamischen Staats zu verstehen ist es wichtig, die Ursache für den Hass gegen die Schiiten zu verstehen. Die Entstehung der Glaubensrichtung der Schiiten entstand durch den innerislamischen Richtungsstreit der nach dem Tod Mohammeds zwischen den Prophetengenossen ausgebrochen war. Sunniten und Schiiten beriefen sich gleichermaßen auf Mohammed und beanspruchten die legitime Nachfolge seines religiösen und politischen Erbes. Mohammed starb 632 ohne einen Nachfolger für die von ihm geschaffene islamische Gemeinde (umma) hinterlassen zu haben. Eine Mehrheitsfraktion unter den beiden Schwiegervätern Mohammeds Abu Bakr und Omar gingen davon aus, dass der Prophet keine Nachfolgeregelung getroffen hatte und diese durch eine Wahl unter den Prophetengenossen geschehen sollte. Ein Minderheit hingegen behauptete, das Mohammed seinen Cousin Ali Ibn Abi Talib zum Kalifen und damit zu seinem Nachfolger bestimmt habe. Die Mehrheitsfraktion konnte sich schließlich durchsetzen und wählten einen der Prophetengenossen Mohammeds zum ersten Kalifen auf dem weitere zwei Prophetengenossen folgten. Ali wurde schließlich 656 zum vierten Kalifen gewählt nach dem es im Kalifat zu Spannungen zwischen Clans und Gruppierungen gekommen war. Alis Anhänger nannten sich nun „Partei Alis" aus denen später die Schiiten wurden. Während der Herrschaft Alis kam es zu Machtkämpfen zwischen zwischen dem Klan der Omaija aus dessen Reihen der dritte Kalif hervorgegangen war. Dieser Konflikt mündete schließlich in einem Bürgerkrieg den Ali verlor und seine Söhne zur Flucht nach Medina zwang.[6]

Als der fünfte Kalif, der Ali vom Thron stürzte, im sterben lag, sah Alis Sohn Husein seine Chance gekommen. Er zog in den Krieg gegen die Omaija wurde aber 680 von einem übermächtigen Heer getötet und fand den Märtyrertod. Sein Tod ließ die Schia, die zuvor lediglich als Fraktion in innerislamischen Machtkampf galt zu einem religiösen Phänomen werden. Die kurze Zeit des Kalifats unter der Herrschaft Alis gilt für die Schiiten bis heute als die einzige rechtmäßige Herrschaft des Islam nach dem Tod Mohammeds. Nach schiitischer Vorstellung

---

6 Vgl. Schirrmacher, Christine, Ein islamisches Phänomen? Die Schreckensherrschaft des islamischen Staates (IS) in Irak und Syrien in: Neue Gesellschaft Frankfurter Hefte, Heft 11 2014, S. 46f. sowie Buchta, Wilfried, Terror vor Europas Toren – Der Islamische Staat, Iraks Zerfall und Amerikas Ohnmacht, Frankfurt/New York 2015, S. 46

ist die gesamte islamische Weltgemeinschaft ohne legitimes Oberhaupt. Unter den sunnitischen Kalifen waren die Schiiten eine politisch und gesellschaftlich unterdrückte Minderheit.[7] Der wichtigste Streitpunkt zwischen Sunniten und Schiiten betrifft die Frage des Imamats, dem theologischen Grundprinzip der Schia. In der Schia sind Imane jene, die die verborgene Bedeutung der Offenbarungsreligion als alleinigen Garanten des wahren Glaubens bewahren. Muslime können nur dann in die richtige Beziehung zur Offenbarung des Propheten treten, wenn sie von spirituell begnadeten Oberhäuptern aus der Blutslinie von Mohammed und Ali abstammen. Für Schiiten sind die überlieferten Aussprüche (hadith) der zwölf Imame gleichwertig neben den Aussprüchen des Propheten.[8]

Die Sunniten sind Anhänger der Sunna also alle Taten und Worte in allen Lebensbereichen des Propheten. Mohammeds Beziehung zu Gott wird als einmalig angesehen. Die Aufgabe seiner Nachfolger ist es das zu bewahren was Mohammed offenbart wurde und was er geschaffen hat. Die Gleichsetzung von Imamen und dem Propheten ist für die Sunniten blasphemisch und damit unannehmbar. Die Schiiten betrachten die drei Kalifen vor Ali als illegitime Herrscher. Alle Kalifen, die Ali folgten gehörten nicht mehr zu den Prophetengenossen und waren sowohl bei Schiiten als auch Sunniten weniger legitim. Die Sunniten erkennen Ali als den letzten der vier rechtmäßigen Kalifen aus der Reihe der Prophetengenossen an, billigen ihm aber keinen höheren Rang zu. Das letzte existierende Kalifat war das der Osmanensultane im Osmanischen Reich. Der laizistische Regierungschef Kemal Atatürk schaffte es 1924 endgültig ab. Anderen muslimischen Königen, die das Kalifat beanspruchten konnten ihren Anspruch seit dem nicht durchsetzen.[9]

Innerhalb der sunnitischen Glaubensgemeinschaft gibt es vier Rechtsschulen, die die Sunna unterschiedlich auslegen. Die radikalste dieser Rechtsschulen ist die Wahhabiya: Sie ist extrem konservativ, dogmatisch und gegenüber den Schiiten und anderen Religionen feindselig eingestellt. Die Wahhabiten vertreten einen puristischen und traditionalistischen Islam, deren geistiger Vater Mohammed ibn Abd al-Wahhab war. Er und seine Anhänger sahen bereits im 18. Jahrhundert den reinen Islam des Propheten Mohammed von unzulässigen Neuerungen und unauthentischen theologischen Lehren verfälscht. Die authentische reine Lehre Mohammeds sollte wieder etabliert werden, die rationale Theologie und sämtliche Glaubensrichtun-

---

7 Vgl. Buchta, Terror vor Europas Toren, S. 42ff.
8 Vgl. ebd., S. 53ff.
9 Vgl. Buchta, Terror vor Europas Toren, S. 55ff.

gen des schiitischen Islam hingegen bekämpft werden. Ähnlich konservativ sind die Salafisten, die eine gesellschaftliche Ordnung errichten wollen, die der idealisierten islamischen Gemeinde zu Lebzeiten Mohammeds im 7. Jahrhundert gleichen soll. Viele der Salafistengruppen sind ideologisch eng mit den Wahhabiten verbunden und wollen mittels eines „Heiligen Kriegs" die islamische Urgemeinde errichten.[10]

Der Islamischen Staat knüpft mit seiner Ideologie an die islamischen Urgemeinde an: Der Dschihad richtet sich in Syrien gegen die schiitischen Alawiten und die Schiiten im Irak, die als Ungläubige gelten. Dschihad ist ein im 7. Jahrhundert entstandenes Glaubensprinzip. Grundlage dessen ist das islamische Konzept einer binären Weltordnung, das ein integraler Bestandteil des islamischen Universalismus ist: Nach dem Konzept besteht die Welt aus zwei Häusern. Auf der einen Seite steht das „Haus des Islam", das vom Kalifen regiert wird. Der Kalif ist als Rechtsnachfolger des Propheten Mohammed der einzige legitime Herrscher und verkörpert die spirituelle Einheit des Islams. Auf der anderen Seite werden alle Länder die nicht zum Islam gehören als „Haus des Krieges" bezeichnet. Sie gilt es in die Weltordnung des Islam einzugliedern. Die Strategie dafür ist der Dschihad, der die Gläubigen verpflichtet ihren Glauben durch Kampf zu verbreiten. Diese Dschihad-Strategie hat bis heute ihre Gültigkeit nicht verloren wird jedoch von keinem islamischen Land praktiziert, da ohne ein Kalifat mit Herrscher der Ausgangspunkt für ein „Haus des Islam" fehlt und viele Staaten ohnehin das Konzept westlicher nationalstaatlicher Souveränität übernommen haben. Der Islamische Staat greift dieses Glaubensprinzip wieder auf, geht jedoch weit über die bisherigen von Moral und Traditionen vorgegebenen Einschränkungen hinaus. Der Konflikt zwischen Schiiten und Sunniten besteht bis heute fort und wird durch die Rivalität zwischen Saudi-Arabien und dem Iran, zweier Staaten, die sich als Schutzmächte der Sunniten bzw. Schiiten verstehen, verstärkt. Die Streitigkeiten sind deshalb nicht nur religiöser Natur sondern haben sowohl innen- als auch außenpolitisch große Bedeutung im Nahen Osten.[11]

---

10 Vgl. Napoleoni, Loretta, Die Rückkehr des Kalifats: Der Islamische Staat und die Neuordnung des Nahen Ostens, Zürich 2015, S. 104f.
11 Vgl. Buchta, Terror vor Europas Toren, S. 53ff.

3.2 Der Zusammenbruch des Irak

Der Irak entstand 1918 nach dem Ende des 1. Weltkrieges aus dem Territorium des ehemaligen Osmanischen Reiches. Die arabischen Provinzen in der Levante wurden von den Siegermächten Großbritannien und Frankreich verwaltet. Die Grenzen des Iraks entstanden durch das geheime Sykes-Picot-Abkommen, bei dem beide Mächte ihre Interessensphären festlegten, die Grenzziehung erfolgte vollkommen willkürlich ohne Berücksichtigung von Ethnien oder Religionen. Als erste Regierung installierten die Briten ein Königreich, das sich auf eine sunnitisch-arabische Militär- und Verwaltungselite stützte. Innerhalb des künstlich entstanden Nationalstaat leben drei verfeindete Volksgruppen: Eine arabisch-sunnitische Minderheit, die bereits seit dem Osmanischen Reich die Macht ausübte, eine kurdische Minderheit sowie arabische Schiiten, die politisch unterdrückt und wirtschaftlich benachteiligt wurden aber bis heute die Mehrheit der irakischen Bevölkerung stellen. Die Machtkonflikte zwischen Sunniten und Schiiten bestehen seit der Entstehung des Iraks ebenso wie Forderung nach Unabhängigkeit der Kurden. 1968 errang die panarabische und säkulare Baath-Partei die Macht und beseitigte alle nationalistischen oder religiös orientierten Machtkonkurrenten. Zehn Jahre später errang Saddam Hussein schließlich die alleinige Macht in der Baath-Partei und dem Irak.[12]

3.2.1 Der Sturz Saddam Husseins

Ein Jahr später begann er einen Angriffskrieg gegen den Iran in dem der Kleriker Khomeini die Macht übernommen hatte und den Export der islamischen Revolution in andere Staaten unterstützte. Hauptziel waren die irakischen Schiiten, die das säkulare Baath-Regime mit iranischer Unterstützung stürzen sollten. Die schiitische Revolution im Iran und dessen Expansionsfantasien waren für die herrschende sunnitische Minderheit im Irak eine Bedrohung ihrer Macht. Die Mehrheit der Bevölkerung, vor allem im südlichen Teil des Irak ist schiitisch, der Staat wird jedoch von einer sunnitischen Minderheit gelenkt.[13]

---

12 Vgl. Buchta, Wilfried, Iraks Zerfall und der Aufstieg des IS. Zwei Seiten einer Medaille, Bundeszentrale für Politische Bildung, http://www.bpb.de/apuz/221172/iraks-zerfall-und-der-aufstieg-des-is-zwei-seiten-einer-omedaille?p=all, zugegriffen am 6.03.16 15:44
13 Vgl. Napoleoni, Die Rückkehr des Kalifats, S.

Saddam wollte die anfängliche Schwäche des Irans nutzen, um die islamische Gefahr präventiv zu stoppen und gleichzeitig Gebiete im Schwemmland des Schatt el Arab zuerobern. Er wähnte den Iran durch Machtkämpfe nach der Revolution und Säuberungsaktionen in der Armee geschwächt. Die USA bewahrten in den beginnenden Konflikt anfänglich ihre Neutralität, da sie beiden Regimen gleichermaßen feindlich gegenüber stand. Das Baath-Regime war Moskau-freundlich und wurde daher zumindest als potenzielle Bedrohung für die prowestlichen Nachbarstaaten angesehen. Der Krieg gegen den Iran stellte sich für Saddam jedoch als militärische Katastrophe heraus: Nach zwei Jahren Krieg konnten keinerlei Geländegewinne erzielt werden. Da der Iran den Krieg zu gewinnen drohte begannen die USA den Irak mit zivilen und militärischen Gütern zu unterstützen. Die USA wollten von diesem Krieg profitieren haben ihn aber keineswegs initiiert, wie es Lüders andeutet. Nach deren Kalkül sollten sich beide Staaten im Krieg aufreiben, um militärisch geschwächt eine geringere Bedrohung für die prowestlichen Staaten im Nahen Osten darstellen. Nach acht Jahren Krieg konnte 1988 schließlich ein Waffenstillstand erreicht werden. Kurioserweise stärkte der Krieg das Baath-Regime innenpolitisch: Denn die Mehrheit der eigenen schiitischen Bevölkerung war loyal zu ihrem Land und verstanden sich in erster Linie als irakische Araber und erst an zweiter Stelle als Schiiten. Nach dem Krieg intensivierten die USA die Wirtschaftsbeziehungen zum Irak, obwohl Saddams immer stärkerer Drohungen gegenüber Kuwait, Saudi-Arabien und Israel verkündete. Die Amerikaner verfolgten mit dieser Politik die Hoffnung, den Irak in engeren politischen und wirtschaftlichen Beziehungen mäßigen zu können aber entgegen der Aufassung von Lüders warnten die USA den Irak wiederholt, das Aggressionen gegen Kuwait Konsequenzen nach sich ziehen würde. Saddam ignorierte diese Warnung und besetzte Kuwait. Die Amerikaner reagierten sofort und vertrieben die irakischen Streitkräfte aus Kuwait. Innerhalb des Iraks kam es zu spontanen Befehlsverweigerungen zwangsrekrutierter schiitischer Soldaten die sich auf den ganzen Südirak ausbreiteten. Zeitgleich brach im Norden ein Aufstand der Kurden aus so dass Saddam innerhalb einer Woche 14 von 18 irakischen Provinzen verlor. Die Gefahr einer islamischen schiitischen Republik sorgte jedoch dafür, dass sich regimetreue Anhänger, sunnitische Stämme und die Sunniten der Mittelschicht in den Großstädten hinter Saddam sammelten und die Niederschlagung der wenig organisierten Aufstände ermöglichten. Saddam rächte sich bitter in dem er über 100.000 Schiiten töten ließ. Dieses kollektiv Erlebnis verstärkte die Ablehnung des Baath-Regimes und verfestigte die gemeinsame Identität der Schiiten im Hass auf die Saddam ergebenen Sunniten. Mit den Kriegen gegen den Iran und Kuwait hatte Saddam Hussein den Irak wirtschaftlich ruiniert. Die wirtschaftlichen Sanktionen der UN sorgten zusätzlich für eine Verelendung der Bevölkerung, die kaum noch Lebensmittel und Schulbildung erhielt und bis 2000 schätzungsweise 1,4 Millionen Tote forderte. Der Niedergang der Infrastruktur und die immer stärker werdende Perspektivlosigkeit der Iraker ist den Vereinten Nationen anzulasten, denn die Sanktionen verfehlten ihr Ziel vollkommen, Saddam ignorierte die Auflagen der UN zur Aufhebung des Wirtschaftsembargos. Das Sanktionsregime erreichte nur die Zivilbevölkerung, die unter immer größer werdenden Versorgungsengpässen zu leiden hatte, die Machtelite hingegen war kaum betroffen. Die Sanktionen bewirkten sogar das Gegenteil ihres eigentlichen Zweckes: Da Saddam die Verteilung der wenigen Lebensmittel in der Hand hatte konnte er seine Macht wieder festigen.[14]

Um künftige Aufstände zu verhindern versuchte er seine Macht durch eine Umstrukturierung des Staatswesen zu sichern: Die Baath-Partei wurde bewusst vernachlässigt, statt dessen wandte er sich dem Islam und den traditionellen Stämmen zu. Der Großteil der Macht war nicht mehr in den Institutionen der staatlichen Bürokratie zentralisiert sondern in informellen Netzwerken aus sunnitischen Stammesvertretern, die loyal zu ihm standen. Regierung und Baath-Partei verloren durch den Niedergang der staatlichen Versorgung an Rückhalt in der Bevölkerung, die sich nun stärker ihren Stämmen und Religionsgemeinden zuwandte. Als Reaktion darauf ließ Saddam die Lebensmittel von Vertretern der lokalen Stämmen verteilen, die er durch Korruption oder Gewaltandrohung an sich gebunden hatte. Er kehrte damit die Entwicklung zur Modernisierung von Staat und Gesellschaft um, bei dem die Stämme kaum eine Rolle gespielt haben und wandte sich ihnen nun verstärkt zu, da er erkannte, dass er mit ihrer Unterstützung seine Macht stützen konnte. Gleichzeitig stützte er sich stärker auf den Islam als bislang. Die Propaganda der Baath-Partei und die Ideologie des Panarabismus fand nach zwei verlorenen Kriegen und dem Elend der Bevölkerung kaum noch anklang. Das Regime hatte erkannt, dass die wachsende Religiosität der Bevölkerung zu einer politischen Bedrohung werden könnte. Wurden islamischen Parteien zuvor noch verfolgt, versucht Saddam nun die Religiosität für seine Zwecke zu steuern. 1993 leitete er eine umfassende Glaubenskampagne ein, in der verpflichtende Koranrezitationskurse, Schulungszentren für Prediger und eine Universität für religiöse Studien geschaffen wurde. Später wurde der Verkauf von Alkohol in der Öffentlichkeit verboten und die islamischen Körperstrafen nach der Scharia eingeführt. Der Islam wurde damit der Hauptbestandteil der Staatsideologie. Die Glaubenskampagne eröffnete militant-islamistischen Gruppen, die vorher noch verfolgt wurden, den Weg in die Ge-

---

14 Vgl. Buchta, Terror vor Europas Toren, S. 88ff.

sellschaft: Salafisten übernahmen Moscheevereine und wurden zur bestimmten Kraft in vielen Regionen. Die Folge war ein immer stärker werdende Radikalisierung der sunnitischen Gemeinschaft. Saddam versuchte diese Entwicklung zu steuern in dem er Offiziere der Armee und des Geheimdienstes in salafistische Gruppen einschleuste, viele der säkularen Saddam Anhänger schlossen sich jedoch aus Überzeugung den Salafisten an. Kurz vor dem Sturz Saddams hatte sich der Irak vollkommen gewandelt: Die Gesellschaft war konfessionell tief gespalten, die Jugendarbeitslosigkeit hoch wodurch sich viele Bürger den radikal-islamischen Lehren der Salafisten zuwandten. Die staatlichen Strukturen waren kaum noch vorhanden, da Saddam zum Machterhalt den säkularen Nationalstaat zu Gunsten traditioneller Stämme und des Islams geschwächt hat. Der Irak war durch konfessionelle Spannungen und wirtschaftliche Probleme so stark geschwächt, dass ein Zusammenbruch des irakischen Staates auch ohne die Invasion der USA absehbar war. Der Versuch der USA den Irak zu demokratisieren stand damit unter denkbar schlechten Voraussetzungen.[15]

Die USA setzten 2003 nach dem Sieg über den Irak und dem Sturz Saddams auf ein schnelles nation building, das möglichst alle Ethnien, Konfessionen und Geschlechter miteinbeziehen sollte. Die Maßnahmen der US-Zivilverwaltung sollten sich jedoch schnell als große Fehler herausstellen: Die Baath-Partei wurde ebenso wie die Streitkräfte und der Nachrichtendienst sofort aufgelöst und ihre Angestellten entlassen, problematisch an dieser Entscheidung war, das viele Mitglieder keine überzeugten Saddam Anhänger waren sonder lediglich aus Karrieregründen der Partei beigetreten waren. Die Mehrheit der sunnitischen Staatsangestellten war somit plötzlich arbeitslos. Das Verbot der Baath-Partei stieß auf Zustimmung bei den Schiiten, die jahrelang von der Partei unterdrückt wurden. Bei den Sunniten schürte es hingegen den Hass auf die USA und die Schiiten, die sich als entmachtet und entrechtet sahen. Die Auflösung der irakischen Armee war ebenso problematisch: Während die Republikanischen Garden und die Geheimdienste besonders Saddam-treu galten, war die reguläre Armee trotz politischer Indoktrinierung relativ unabhängig geblieben, da sie zum überwiegenden Teil aus Schiiten bestand. Durch die Auflösung wurden 750.000 Soldaten und Offiziere entlassen, die keinerlei Anspruch auf Pensionen hatten. Die USA haben es damit geschafft innerhalb kürzester Zeit sowohl Sunniten als Schiiten gegen sich aufzubringen, wenngleich die Kränkung bei den Sunniten durch den Verlust ihrer Führungsrolle in Staat und Verwaltung noch tiefer saß. Die Auflösung von Partei und Armee wird von Lüders als Hauptursache für die Ra-

15 Vgl. Napoleoni, Die Rückkehr des Kalifats, S. 110 sowie Buchta, Terror vor Europas Toren, S. 119ff.

dikalisierung der Sunniten angesehen. Die Argumentation ist in gewissen Teilen nachvollzieh-
bar, nur haben die USA einen Staat zertrümmert, der ohnehin schon nicht mehr funktionierte.
Die Entscheidung, alle Mitglieder der Baath-Partei aus dem Staatsdienst zu entlassen hat diesen Effekt nur noch verstärkt und kann nicht allein als Ursache für die Entstehung des Islamischen Staats geltend gemacht werden. Durch die fehlenden Grenzkontrollen (die irakische Armee gab es nicht mehr) konnten jedoch vermehrt ausländische Dschihadisten in den Irak ein-
reisen, gleichzeitig besannen sich viele Sunniten auf ihre konfessionelle Identität zurück.
Konfessionelle Konflikte wurde so zum Alltag im Irak.[16] 2005 errangen die Schiiten zum ersten mal die Regierungsmacht im Irak. Zahlreiche Terroranschläge auf die Schiiten und Rache-
aktionen gegen die Sunniten entfesselten schließlich einen Bürgerkrieg zwischen sunnitischen
und schiitischen Milizen. Den USA gelang es zwar die Milizen zu besiegen und den Bürgerkrieg zu stoppen, ein Ende der Konflikte war jedoch bei weitem nicht in Sicht. Der 2006 ge-
wählte Staatspräsident Maliki betrieb im Laufe seiner Amtszeit eine immer stärker werdende
Politik der Ausgrenzung und Entmachtung der Sunniten. So wurden sunnitische Politiker ent-
weder angeklagt oder waren gezwungen ins Exil zu flüchten. Als er 2013 friedliche Proteste
der Sunniten mit Gewalt unterdrückte, machte er sich die Mehrheit der Sunniten endgültig
zum Feind, von denen sich viele den Dschihadisten zuwandten.[17]

3.2.2 Die Entstehung des islamischen Staats

Der Islamische Staat gehört zu einer politisch-theologischen Schule des modernen Islam, deren sunnitische Anhänger es als eine Pflicht betrachten einen heiligen Krieg (Dschihad) zu
führen. Das Ziel ist der Sieg über die Regime in der arabischen Welt und ihre ausländischen
Unterstützer, die als abtrünnig vom Islam angesehen werden. Die Gründung des IS geht auf
den Dschihadisten Abu Musab al-Zarqawi zurück, der sich in den 1990er Jahren der radikalen
Salafisten-Organisation Al-Tauhid angeschlossen hatte. Der Salafismus war bei seiner Entstehung zum Ende des 19. Jahrhunderts zunächst von Bewunderung des modernisierten Westens
geprägt. Die arabischen Denker setzten sich mit der Krise des Osmanischen Reiches auseinan-
der und hatten großes Interesse an der westlichen Zivilisation. Der Salafismus hat immer
danach gestrebt, die arabische Welt zu modernisieren und identifizierte das Osmanische Reich
als Hauptursache für die Unfähigkeit der Araber mit den Europäern Schritt zu halten. Um den
Rückschritt aufzuholen besteht der Salafismus darauf, das die Muslime zur Reinheit der Reli-

16 Vgl. Buchta, Terror vor Europas Toren, S. 185ff.
17 Vgl. Cockburn, Patrick, The Rise of Islamic State – ISIS and the New Sunni Revolution, London, New York
  2015, S. 69ff.

gion zurückkehren müssen, also dem Ursprung des Islam im 7. Jahrhundert und den Lehren des Propheten. Die Kolonialisierung von Teilen der arabischen Welt beschleunigte jedoch die Transformation des Salafismus zu einer puristischen Erweckungsbewegung. Das Hauptziel blieb zwar weiterhin die Reinigung des Islam, nur sollte dieser jetzt von Stagnation und Korruption gereinigt werden, die durch die europäische Kolonisierung verursacht wurde.[18]

Diese extremistischen Vorstellungen wurzelten später in einem politischen Islam, der sich 1928 mit der Gründung der Muslimbruderschaft manifestierte. Vor diesem Hintergrund formulierte der ägyptische Denker der Muslimbruderschaft Sayyid Qutb das Konzept der absoluten Einheit Gottes (tauhid) neu und verlieh ihm eine politische Komponente. Die Vorstellung der Gottesherrschaft (al-hakimiyya) rückt den Islam und das Kalifat in das Zentrum der Politik. Der Staat wird nicht durch moderne Regierungsformen wie der Demokratie oder dem Sozialismus bestimmt sondern allein durch die Auslegung der Lehren des Propheten Mohammed. Jedes Abweichen von diesem Prinzip stellt einen Akt des Glaubensabfalls (ridhah) dar. Die weltlichen Herrscher in der muslimischen Welt wurden als Apostaten angesehen, die es mit ihren westlichen Verbündeten zu beseitigen gilt. Sayyid Qutb formulierte diese Gedanken im Gefängnis unter der Erfahrung des weltlichen autoritären Regimes von Gamal Abd al-Nasser. Das politisierte Konzept des Takfir ermöglichte es ihm die Legitimität Nassers in Frage zu stellen und ihn als Ungläubigen darzustellen. Seine Lehren hatten große Einfluss auf sämtliche dschihadistische Bewegungen. Auch wenn sich der IS nicht offiziell auf ihn beruft, spielt das Konzept des Takfir eine große Rolle beim IS, um die Gewalt gegen die Schiiten und Alawiten zu rechtfertigen.[19] Die Botschaft der Fundamentalisten ist dabei denkbar einfach aber bei den von säkularen Regimen jahrzehntelang unterdrückten Muslimen durchaus wirksam: Alle Probleme der Muslime sind auf die sich ausbreitenden fremden Ideologien zurückzuführen, die die Philosophie des Islams verdrängt hätten. Soziale, wirtschaftliche und politische Probleme sind auf die korrupten und säkularen Regime und ihre westlichen Unterstützern zurückzuführen und können nur durch dessen Beseitigung und die Rückbesinnung auf dem Islam gelöst werden. Die Muslime werden nur in der Lage sein eine eigene moderne Zivilisation zu errichten, um ihrer Perspektivlosigkeit entrinnen können, wenn sie sich auf den authentischen Islam, also den unverfälschten Lehren des Propheten Mohammed zurückbesinnen.

18 Vgl. Napoleoni, Die Rückkehr des Kalifats, S. 95ff.
19 Vgl. Malik, Jamal, Gewalt und Gewaltverzicht im Islam in: Bultmann, Christoph; Kranemann, Benedikt; Rüpke, Jörg (Hrsg.), Religion, Gewalt, Gewaltlosigkeit - Probleme - Positionen - Perspektiven, Münster 2004, S. 77ff.

Den Fundamentalisten ist es so gelungen, die wirtschaftliche Not als Folge des religiösen Niedergangs zu begründen. Mit dem Krieg gegen die Schiiten befriedigt der IS unter den Sunniten den Wunsch nach Rache, der sich besonders im Irak aufgestaut hatte. So erklären sich auch die späteren schnellen Geländegewinne des IS in den sunnitischen Gebieten des Irak, die ohne die Unterstützung der Einheimischen nicht möglich gewesen wäre.[20]

Unter dem Einfluss der Salafisten entschloss sich Zarqawi 1989 nach Afghanistan zu gehen und sich dem Kampf der Mudschahidin gegen die Sowjetunion anzuschließen, später baute er Verbindungen zu Al-Qaida auf und gründete die Organisation al-tauhid wa al-jihad (Gotteseinheit und Heiliger Krieg). Im Jahr 2004 leistete er einen Treueeid auf Osama bin Laden und änderte den Namen seiner Organisation in Al-Qaida im Irak (AQI) um. Als Ziel formulierte er die Errichtung eines Islamischen Staats, um im Anschluss Israel zu zerstören und Jerusalem zu erobern. Zarqawi machte keinen Unterschied zwischen Muslimen und Nicht-Muslimen sondern unterschied einzig und allein danach, ob jemand nach den Standard der Dschihadisten ein „Rechtgläubiger" ist. Zu den vier wesentlichen Feinden Zarqawis zählten die Schiiten, abtrünnige Sunniten, die Kurden aber auch die Amerikaner. Die AQI (aus dem später der IS hervorging) und Al-Qaida gehörten zwei unterschiedlichen dschihadistischen Denkschulen an. Zarqawi wollte einen Krieg im Inneren des Islams führen und zwar gegen all jene Muslime, die seiner Auffassung nach zu den Ungläubigen gehörten. Zwischen Al-Qaida und Az-Zarqawi kam es zu einer immer stärker werdenden Konkurrenzsituation, hinzu kam, dass beide Organisationen unterschiedliche Auffassungen über die Ziele des Dschihad hatten: Al-Qaida verfolgt vor allem das Ziel mit Hilfe verschiedener islamischer Gruppen die USA zu bekämpfen und aus dem Nahen Osten zu drängen. Az-Zarqawi hingegen sah die Priorität in der Bekämpfung der Schiiten als Abtrünnige. 2006 verkündete die irakische Al-Qaida schließlich die Gründung des Islamischen Staates im Irak (ISI) und den Anspruch auf irakischem Territorium ein Staatswesen zu bilden. Die Ausrufung des Staates begründeten sie damit, dass Sunniten im Irak nach wie vor unter Fremdherrschaft leben und beriefen sich auf einen Spruch des Propheten aus den Hadith-Sammlungen, nach dem die Muslime von einem Muslim regiert werden müssen. Mit den zunehmenden Terroranschlägen und den daraus folgenden Bürgerkrieg gelang es der ISI allerdings nicht sich als Verteidiger der Sunniten aufzuschwingen. Nach dem Tod Zarqawis durch einen Luftangriff der USA verlor die Organisation schnell an Bedeutung, da die meisten sunnitischen Gruppierungen Frieden mit den amerikanischen Be-

---

20 Vgl. Richardson, Louise, Was Terroristen wollen – Die Ursachen der Gewalt und wie wir sie bekämpfen können, Frankfurt/New York 2007, S. 102ff.

satzern schließen wollten. Erst der Bürgerkrieg in Syrien sollte sich als Brandbeschleuniger für den Islamischen Staat erweisen.[21]

3.3 Der Bürgerkrieg in Syrien

Syrien entstand ebenso wie der Irak nach dem 1. Weltkrieg und dem Untergang des Osmanischen Reiches. Erst 1946 wurde Syrien ein eigenständiger Staat. Die Bevölkerung war noch stärker religiös und ethnisch heterogen als im Irak: 70 Prozent der Bevölkerung sind Sunniten, lediglich drei Prozent Schiiten, 13 Prozent Alawiten sowie neun Prozent Christen und weitere drei Prozent Drusen. Obwohl die Alawiten eine Minderheit darstellen wird das Land seit 1971 vom alawitischen Assad-Clan beherrscht. Schlüsselpositionen im Militär und Geheimdienst wurden von Alawiten besetzt. Andere nicht-sunnitische Minderheiten, wie die Christen und Schiiten unterstützen die Regierung. Gegner des Assad Regimes waren die religiös orientierten Sunniten der Unter- und Mittelschicht. Im Jahr 2011 kam zu zunächst friedlichen Protestbewegungen gegen das Regime von Baschar al-Assad. Die Protestbewegung ging jedoch schnell, nach dem das Regime die Proteste mit Gewalt zu unterdrücken versuchte, in einen Bürgerkrieg über, der ab 2012 immer stärker eskalierte. Als Assad seine Amtszeit antrat hatte er Hoffnungen auf politische und wirtschaftliche Veränderungen gemacht, diese jedoch nicht erfüllt. Die Arbeitslosigkeit und Unzufriedenheit der Menschen war hoch, besonders in den sunnitischen Landregionen. Der Bürgerkrieg in Syrien schuf für den IS ideale Bedingungen sich organisatorisch zu festigen und neue Anhänger zu gewinnen: Der neue Anführer der ISI Abu Bakr al-Baghdadi ging mit seinen Kämpfern über die Grenzregion vom Irak nach Syrien, um den Al-Qaida Ableger al-Nusra Front zu gründen. Das ungerechte Staatswesen der säkularen syrischen Baath-Partei und die herrschende Minderheit der Alawiten steht dabei im Zentrum Gewalt des Islamischen Staats, da diese nach Auffassung der Islamisten ein gottgefälliges System verhindern. Der Bürgerkrieg wurde dadurch immer stärker konfessionalisiert. Mit der in Syrien gewonnenen Schlagkraft gelang es dem Islamischen Staat nun auch weite Teile des Iraks zu erobern, in den sunnitischen Stammesgebiete konnte der IS auch auf die Unterstützung der Bevölkerung bauen. Die Mehrheit der irakischen Armee desertierte hingegen, so dass der IS viele Gebiete meist kampflos übernehmen konnte. Abu Bakr al-Baghdadi ernannte sich selbst als „Ibrahim" zum Kalifen aller Muslime. Das idealisierte Kalifat verspricht für viele Muslime die Erlösung von Jahrhunderten der Erniedrigung und die Schaffung

---

21 Vgl. Schirrmacher, Ein islamisches Phänomen?, S. 45f.

15

eines philosophischen Konstruktes, das Gelehrte seit Jahrhunderten zu schaffen versuchten. Der Islamische Staat sieht sich damit in der Tradition des Omajjaden-Kalifates mit der Hauptstadt Damaskus aber auch dem nachfolgenden Kalifats der Abbasiden. Entgegen der Auffassung von Lüders hat der Islamische Staat nicht durch den Zerfall des Iraks an Macht gewonnen sondern erst durch Ausbruch des syrischen Bürgerkrieges.[22]

Die Mehrheit der Kämpfer des Islamischen Staats sind weder Syrier noch Iraker sondern stammen aus Saudi-Arabien oder den Maghreb Staaten. Eine Radikalisierung als Folge der amerikanischen Besatzung und damit verbundenen persönlichen Erlebnissen wie Arbeitslosigkeit oder Demütigung kann somit gar nicht stattgefunden haben, da viele Kämpfer Syrien und den Irak zum ersten mal als Kämpfer betreten haben. Die Ausrufung des Islamischen Staats scheint eine enorme Wirkung auf radikale Islamisten weltweit entfaltet zu haben.[23] So geht es bei der eigentlich religiösen Frage zwischen Sunniten und Schiiten auch darum, wer im Nahen Osten die Vormachtstellung besitzt. Hier haben sich zwei Machtblöcke herausgebildet: Auf der einen Seite der schiitische Iran, der mit dem Assad Clan in Syrien eng verbunden ist und die Hisbollah im Libanon unterstützt. Und auf der anderen Seite das sunnitische Saudi-Arabien, das den Islamischen Staat zwar nicht direkt finanziert wohl aber durch private Stiftungen und Unternehmen, die im Golfstaat ihren Sitz haben.[24]

---

22 Vgl. Cockburn, The Rise of Islamic State, S. 81ff.
23 Vgl. Malik, Jamal, Gewalt und Gewaltverzicht im Islam in: Bultmann, Christoph; Kranemann, Benedikt; Rüpke, Jörg (Hrsg.), Religion, Gewalt, Gewaltlosigkeit – Probleme – Positionen – Perspektiven, Münster 2004, S. 77f. sowie Buchta, Terror vor Europas Toren, S. 319
24 Vgl. Schirrmacher, Ein ilamisches Phänomen?, S. 47

4. Zusammenfassung

Die USA haben mit militärischen und politischen Interventionen im Nahen Osten zweifellos einige schwerwiegende Fehler begangen, dennoch argumentiert Michael Lüders bei der Frage nach den Gründen für Gewalt und Terror im Islam zu monokausal und blendet innergesellschaftliche und religiöse Ursachen vollkommen aus. Die Ursachen für die Gewalt im Nahen Osten sind vielfältig und dabei keineswegs nur auf westliche Politik zurückzuführen. Die Entstehung des Islamischen Staats lässt sich daher ebenso wenig eindimensional erklären sondern muss als Folge religiöser Konflikte und der gescheiterten Politik der Regime im Nahen Osten begriffen werden.[25]

Die Entstehung von islamischer Gewalt im Irak beruht auf dem Jahrhunderte alten Konflikt zwischen Sunniten und Schiiten. Unter der Herrschaft Saddams geriet der Irak in tiefe politische, religiöse und wirtschaftliche Verwerfungen, die wesentlich zum Aufstieg des IS beigetragen haben. Die harten Sanktionen gegen den Irak und der überhastete Versuch der USA den Irak zu demokratisieren, haben bei einer gleichzeitigen Entmachtung der Sunniten ihr übriges getan. Die USA werden in der Ideologie des IS nicht als der Hauptfeind angesehen, sondern die „Abtrünnigen" vom Islam, allen voran die Schiiten. Die Sunniten sehen sich als entrechtete Opfer der Schiiten. Während die Schiiten den Sunniten, die Kollaboration mit dem IS vorwerfen und eine Rückkehr eines autoritären Regimes unter sunnitischer Herrschaft fürchten. Der IS konnte diesen ewigen Teufelskreis aus Hass hervorragend für seine Zwecke nutzen und einfache Antworten für die traumatisierten Sunniten liefern. Der syrische Bürgerkrieg entstand hingegen im Jahr 2011 aus der Unzufriedenheit der Bürger mit dem Assad-Regime Die jahrelange Unterdrückung der Bevölkerung (vor allem der sunnitischen) und schließlich die blutige Niederschlagung friedlicher Proteste ließen einen verheerenden Bürgerkrieg ausbrechen. Die westlichen Staaten haben zwar durch Waffenlieferungen an die gemäßigten Rebellen versucht Assad zu stürzen, für einen Ausbruch der Gewalt kann man sie hingegen nicht verantwortlich machen. Der Islamische Staat konnte das entstandene Chaos im Bürgerkrieg lediglich für seine Zwecke nutzen und so weite Teile des syrisch-irakischen Grenzgebietes erobern.[26]

---

25 Vgl. Buchta, Terror vor Europas Toren, S.135
26 Vgl. Napoleoni, Die Rückkehr des Kalifats, S. 12ff., 114

Literaturverzeichnis

Buchta, Wilfried, Terror vor Europas Toren – Der Islamische Staat, Iraks Zerfall und Amerikas Ohnmacht, Frankfurt/New York 2015

Ders., Iraks Zerfall und der Aufstieg des IS. Zwei Seiten einer Medaille, Bundeszentrale für Politische Bildung, http://www.bpb.de/apuz/221172/iraks-zerfall-und-der-aufstieg-des-is-zwei-seiten-einer-medaille?p=all, zugegriffen am 6.03.16 15:44

Cockburn, Patrick, The Rise of Islamic State – ISIS and the New Sunni Revolution, London, New York 2015

Klaiber, Susanne, Warum die USA schuld am grausamen Terror im Irak sind, Huffington Post, http://www.huffingtonpost.de/2014/06/16/usa-schuld-irak-terror_n_5499266.html,zugegriffen am 1.3.16 22:13

Lüders, Michael, Wer den Wind sät – Was westliche Politik im Orient anrichtet, München 2015

O.V., Linke-Fraktionschefin Wagenknecht: „Militärische Interventionen des Westens helfen dem IS", Spiegel Online http://www.spiegel.de/politik/deutschland/sahra-wagenknecht-militaerische-interventionen-des-westens-helfen-dem-is-a-1066246.html, zugegriffen am 2.3.16 14:59

Malik, Jamal, Gewalt und Gewaltverzicht im Islam in: Bultmann, Christoph; Kranemann, Benedikt; Rüpke, Jörg (Hrsg.), Religion, Gewalt, Gewaltlosigkeit – Probleme – Positionen – Perspektiven, Münster 2004

Napoleoni, Loretta, Die Rückkehr des Kalifats: Der Islamische Staat und die Neuordnung des Nahen Ostens, Zürich 2015

Richardson, Louise, Was Terroristen wollen – Die Ursachen der Gewalt und wie wir sie bekämpfen, Frankfurt/New York 2007

Schirrmacher, Christine, Ein islamisches Phänomen? Die Schreckensherrschaft des islamischen Staates (IS) in Irak und Syrien in: Neue Gesellschaft Frankfurter Hefte, Heft 11 2014, S. 45-49